AF384700

46

Lb 302.

LE
PRINTEMS SACRÉ
DE 1815.

AUX HOMMES LIBRES.

> Le but d'une révolution doit être de donner de l'aisance aux pauvres sans commettre des injustices.

Par J. A. Faubert,

Membre correspondant de la Société Académique des Sciences de Paris.

A PARIS,

Chez les Marchands de Nouveautés.

MAI 1815.

Sa sauve-garde naturelle est dans la force armée municipale, composée de gardes nationaux, qui ne peuvent agir que pour le maintien de cette souveraineté.

Tous les citoyens ont droit de voter aux assemblées primaires.

Le vœu de ces assemblées est le vœu de la nation.

La personne de chaque votant est inviolable pendant la tenue de ces assemblées.

Si les secousses populaires peuvent être justifiées c'est lorsqu'il s'agit d'ouvrir les assemblées primaires; dès qu'elles sont constituées toute confusion est un obstacle aux droits du peuple, et par conséquent à la possibilité d'avoir des lois basées sur le principe de liberté et d'égalité.

Les votes des militaires aux assemblées primaires sont un obstacle au libre exercice du peuple lorsque le chef du pouvoir exécutif est *militaire*, parce qu'alors son influence agit sur les esprits dans un sens contraire au vœu public.

Sans cette raison circonstancielle le mélange des votes populariserait les armées, et, loin de contrarier les principes d'indépendance, accroîtrait la force des lois libérales.

La constitution doit donc distinguer quel est le principe à suivre lorsque le pouvoir exécutif est exercé par un militaire, de la marche qu'on doit tenir quand le chef de l'état est un magistrat qui n'a exercé que des fonctions civiles.

Pour lever toute difficulté les assemblées nationales décideraient qu'il ne faut jamais donner le pouvoir exécutif à un chef de la force armée ; autrement il y a dictature de fait.

Les institutions populaires, nées au sein du renversement d'un ordre établi, ne peuvent avoir lors de leur création que des formes acerbes ; et c'est ce que nous avons vu dans la révolution.

L'équité et la droiture ne pouvaient être le résultat instantané d'une secousse dont le but principal était l'anéantissement des prétentions injustes de la féodalité.

L'esprit d'opposition de cette féodalité irrita la volonté nationale, et fut une des causes efficientes des cruautés révolutionnaires.

Nous n'avons éprouvé que les amertumes de cette révolution.

Les Français peuvent aujourd'hui atteindre le but qu'ils se proposaient en 89 s'ils agissent sans ressentiment et dans l'unique intention de devenir heureux sans distinction d'âge, de rang ni de profession ; s'ils reprennent avec l'indépendance le caractère d'aménité qui leur est propre et qui est dominant.

Il n'est pas étonnant que les pouvoirs qui

se sont succédés en France depuis plus de vingt-cinq ans aient eu les mêmes vices pour cause de leur instabilité, les factions s'étant toujours emparé du pouvoir au point que la minorité a fait la loi malgré la majorité.

C'est le résultat d'une lutte révolutionnaire, pendant laquelle le peuple est agité au lieu d'être calme ; et au lieu de surveiller les factions il sert les factieux.

Le peuple veut le bien ; il ne se trompe que dans les moyens qu'il emploie pour l'obtenir. Les sages et les philosophes doivent le conseiller plutôt que de le diriger, parce que si un faux sage lui donne un mauvais avis son conseil restera sans effet ; mais s'il le dirige le mal est inévitable.

Des exclusifs ont gouverné pendant la république, et c'est une des raisons puissantes qui ont rendu cette forme de gouvernement incompatible en apparence avec la sûreté des personnes, la garantie des propriétés, et la bonne harmonie entre la France et les puissances étrangères.

Si l'on considère que le gouvernement républicain ne fut régi que par les instrumens qui avaient détruit et qui étaient impropres à réédifier, on ne sera pas étonné que le résultat ait été contraire à ce qu'en attendaient les amis sincères de l'ordre social.

Cette forme de gouvernement, née des

troubles, n'a eu ni assez de durée, ni un assez grand nombre de magistrats intègres pour qu'on puisse déterminer si elle est incompatible avec les mœurs et les lumières du siècle sur le sol français.

On ne doit pas la juger trop rigoureusement d'après ce qu'on a vu; car s'il fallait appliquer la même rigueur aux autres formes de gouvernement l'homme impartial aurait beaucoup à penser avant de prendre un parti.

On reconnaît les inconvéniens des institutions populaires avant d'avoir pu apprécier les avantages qui peuvent en résulter ; c'est avec raison ce qui épouvante les esprits craintifs, qui avant tout veulent la tranquillité, ne fût-elle qu'apparente.

L'opposé arrive par les institutions du despotisme : elles ont d'abord une physionomie douce et bienveillante; c'est le caractère d'un maître qui est encore faible; ses manières sont humbles et flatteuses. Est-il plus affermi, son caractère prend une teinte plus sévère; il devient menaçant au premier signal de désobéissance. S'est-il emparé de la verge, toutes ses mesures sont coërcitives et sanglantes si l'opinion nationale ose s'opposer ouvertement à ses volontés tyranniques, suite naturelle du pouvoir absolu.

Obtenir des lois populaires sans éprouver

les monstrueux effets de l'anarchie, c'est la seule perfectibilité que l'imperfection de l'esprit humain puisse atteindre.

L'indemnité que le corps social peut attendre des institutions populaires, c'est qu'il est de leur essence de s'améliorer; car on n'a pas d'exemple qu'un peuple ait joué le rôle d'un despote au point que des lois démocratiques aient épuisé les ressources nationales.

Tout individu qui enfreint le respect dû aux personnes et aux propriétés déroge à sa qualité de citoyen, et cesse d'être un honnête homme.

Ce principe consacré, la crainte des troubles populaires est une fausse alarme, ou un argument prétextatif et de mauvaise foi.

Le gouvernement de Napoléon aurait pu se maintenir s'il avait été administré par les hommes libres, qui n'avaient fait la révolution que dans des vues honorables et utiles au corps social.

Mais des factieux dont il ne voulait que se servir l'ont trompé ; par la voie de la flatterie ils ont exigé de lui des récompenses qu'ils n'avaient pas méritées. Les plus honnêtes parmi ceux qui l'ont mis en évidence n'ont éprouvé que des disgraces : c'est en quoi tous les mauvais gouvernemens se ressemblent.

Louis XVIII ne pouvait se maintenir qu'autant qu'il aurait gouverné par des lois appropriées aux mœurs actuelles, et suivi l'impulsion des hommes les plus sages parmi ceux qui ont aimé les principes de la liberté française ; qu'il se serait enfin persuadé que le peuple ne ferait jamais de mal sans l'instigation des méchans.

Les émigrés courtisans et factieux ; la portion sacerdotale plus fanatique ou intrigante que pénétrée des principes sacrés d'une religion tolérante et puisée dans l'évangile ; les ridicules de la féodalité ; l'ignorance de beaucoup d'anciens soi-disant nobles ; l'incivisme des premiers ministres, dont les absurdes efforts tendaient à déprécier la valeur des soldats français ; l'inexpérience et les écarts des jeunes Bourbons, sont les causes récentes de l'abandon de Louis-Stanislas-Xavier.

Ce qu'on appelle maintenant (avril 1815) un gouvernement n'en est pas un.

Napoléon, les membres de l'ex-conseil d'état ne sont plus les véritables représentans de la nation, et si les deux chambres dont la majorité de celle des pairs était plutôt un assemblage de salariés prêts à se jeter entre les bras du plus fort que la sauve-garde des lois, d'après son institution ; si, dis-je, ces deux chambres avaient montré le caractère dont la nation les avait investies, nous marcherions, même dans l'état de crise , sur une voie légale et constitutionnelle, et non d'après une impulsion qui , dépouillée de la dignité nationale , n'inspire aucune sécurité pour l'avenir.

L'abdication de Napoléon , l'abandon du trône par Louis - Stanislas - Xavier Bourbon sont le sujet d'un interrègne. Il y a eu interrègne dès que Napoléon a eu signé le traité du 3o mai 1814, par lequel il s'est dessaisi du pouvoir exécutif.

Il y a interrègne d'après l'abandon de Louis-Stanislas-Xavier Bourbon, qui, le 19 mars 1815, a également délaissé la dignité exécutive, qu'une force armée étrangère avait mise entre ses mains, et que les Français auraient peut-être consenti à lui laisser si son gouvernement avait été réellement libéral et paternel.

Or, la souveraineté légitime réside dans la nation ; c'est à la nation qu'il appartient de manifester ses droits ; la nation seule peut se donner légalement une constitution.

La rédaction d'un acte constitutionnel ou d'un travail préparatoire pour la formation de cet acte, que l'on prétend soumettre à l'assemblée éventuelle , énoncée jusqu'à présent *extraordinaire du Champ de Mai,* est un acte anticipatif, illégal et attentatoire à la liberté du peuple français.

Ce travail est en opposition avec les principes émanés des constitutions évoquées par les proclamations arbitraires de Napoléon lui-même ; ceux qui le rédigent sont sans caractère et sans mandat légitime.

D'après les droits des nations, et spécialement du peuple français, c'étaient les deux chambres, le conseil d'état, les maires, les commandans des gardes nationales et les premières autorités qui devaient agir provisoirement, et suppléer les *pouvoirs*, puisque par le fait les pouvoirs exécutifs de France ont successivement abandonné leur dignité.

Par cet abandon les deux pouvoirs exécutifs, les chambres et l'ex-conseil d'état, qui pouvaient agir tant que le force des baïonnettes n'aurait pas arrêté leur représentation, ont perdu le droit à la confiance nationale.

La nation française, ayant seule la faculté de se donner une constitution par la réunion de ses représentans, considérera comme nul ce qui a été fait sous le régime de Louis-Stanislas-Xavier Bourbon, tout comme ce qui a été décrété depuis le 21 mars 1815, époque à laquelle Napoléon Bonaparte a repris arbitrairement l'initiative comme chef du gouvernement.

La nation peut, de son autorité et de plein droit, récompenser dignement tous les militaires français qui ont combattu pour la France sans égard aux époques, ni aux circonstances, ni aux changemens de signes de ralliement, parce que la bravoure des armées est indépendante des signes ou couleurs qu'un peuple a le droit d'adopter, de conserver ou de changer.

Il n'y a de parjure que celui qui trahit la nation, parce que le peuple est seul légitime souverain.

Les mesures ministérielles du moment présent (avril 1815) ont le caractère d'une faction, et non celui d'une volonté nationale, hors de laquelle il n'y aura qu'incertitude à attendre sur les destinées de la France.

La patrie est en danger, et peut être sauvée sans secousses périlleuses par la convocation des assemblées du peuple et par la réunion sur un point de tous les électeurs, sans en excepter aucun, réunion qui doit être parfaitement libre, franche et indépendante, quelle que soit l'*opinion ou la fortune* de l'électeur, parce qu'en résumé tous sont intéressés au repos et au bonheur de la France.

Les premières mesures prises par Napoléon, quoique arbitraires, étaient sages quant aux ordres donnés à nos troupes de ne jamais se servir des armes dans l'intérieur de la France, c'est à dire contre des Français, quelle que fût leur bannière, la persuasion étant le seul moyen d'appaiser l'esprit de parti lorsque les partisans sont égarés et non corrompus.

J'approuve la conduite du maire de Grenoble, qui a sagement remontré l'insignifiante conduite des hommes qui, sortant armés de leur commune, se portaient sur des points intérieurs de la France sans avoir réfléchi combien leur démarche était inconsidérée. Cette conduite de la part d'un maire qui s'est trouvé placé soit sous l'influence de la famille des Bourbons, soit sous le régime de Napoléon, caractérise un honnête homme et un bon citoyen. N'admettons que ce principe, le même ordre donné aux gardes nationaux, toute guerre civile devient impossible, parce qu'alors les petites factions d'hommes armés tombent d'inanition et d'elles-mêmes.

Pour que l'expérience du passé servît au bien du corps social à l'avenir la nation devrait par une loi fondamentale rendre responsable des événemens les maires et les commandans des gardes nationales qui n'emploieraient pas tout leur pouvoir et leur énergie pour empêcher qu'aucune force armée ne dépassât l'enceinte de leur ville toutes les fois qu'il y aurait symptôme de guerre ou de division intestine, sans égard aux élémens de ces guerres ou divisions, hors le cas seulement où cette force se dirigerait contre des armées de puissances étrangères.

Dans les circonstances dont nous sommes témoins ce principe s'appliquerait tant aux cités sous l'influence des Bourbons qu'à celles où le régime de Napoléon est en activité.

L'abandon de la dignité des pouvoirs exécutifs offre encore au publiciste une remarque du plus puissant intérêt, et qui peut prévenir de grands malheurs.

Aussitôt que Napoléon eut abdiqué le sénat devait assembler les électeurs, et ne traiter que provisoirement avec la force armée étrangère introduite en France.

Dès l'abandon de Louis - Stanislas - Xavier Bourbon les deux chambres et les premières autorités devaient suppléer provisoirement le pouvoir exécutif, afin que la nation ne cessât pas d'être représentée, et immédiatement convoquer une assemblée nationale.

Dans l'une et l'autre circonstance les droits de la nation ont été méconnus.

Louis XVIII a commis la même erreur que Napoléon en disant que l'année 1814 était la dix-neuvième de son règne.

Napoléon ne fera pas dire aux historiens de bonne foi qu'il n'y a pas eu un Louis XVIII par le fait, quoique d'une très-courte durée ; et le bon sens, d'accord avec l'histoire et la tradition, transmettra à la postérité qu'a-

près Louis XVI il y a eu une république
sous diverses formes, un règne absolument
éphémère de Louis XVII, et un empereur;
qu'après Louis XVIII Napoléon Bonaparte
a repris le gouvernement d'une main arbi-
traire, et que le peuple français à cette époque a eu le courage de le dire et de l'écrire;
ce qui prouve que le patriotisme et la force
de l'opinion peuvent balancer la tyrannie et
même la paralyser.

Les moyens obliques adoptés par les agens
du régime de Napoléon sont maintenant
anti-sociaux à cause de l'influence qu'ils pré-
parent et qu'ils veulent exercer sur l'esprit des
électeurs qui composeront l'assemblée énoncée du Champ de Mai : ces ministres de la
force armée n'ont pas l'initiative pour rédiger
ni faire rédiger un travail préparatoire pour
la formation d'un acte constitutionnel, qui est
de la plus haute importance.

La liberté nationale exige que le corps des
électeurs soit dans ses élections libre comme
l'air; car les Français savent ce qu'ils doivent
faire, et ne feront mal qu'autant qu'on voudra
les influencer, et non les éclairer : foncière-
ment ils veulent le bien ; leurs délibérations
doivent donc être indépendantes.

Ils n'oublieront pas que la force armée n'est
qu'obéissante, et n'a jamais voix délibérative.

Semblable à ses prédécesseurs et à son successeur, Napoléon a cru trop exclusivement voir la nation française dans les armées et aux Tuileries : cette erreur a éloigné de sa personne les hommes à idées libérales.

Je ne le considère que comme un Français, dont les exploits des soldats qu'il a commandés seront distingués dans l'histoire. Il devient un homme extraordinaire s'il dépose au tribunal du peuple français sa plainte contre l'inexécution du traité signé le 30 mai 1814, inexécution qui légitimera parfaitement son éloignement de l'île d'Elbe, et qui disposera la nation française en sa faveur dès que les preuves en seront incontestables.

Point d'agitation ; c'est le calme qu'il nous faut : que les hommes libres parlent, que le système politique soit conciliant, et nous consacrerons les principes sans lesquels nous n'aurons qu'en apparence des lois appropriées à nos idées libérales.

La liberté ne serait qu'un vain mot ; une constitution appelée libérale serait sans effet si la nation ne se la donne elle-même ; si le pouvoir exécutif conserve la facilité de corrompre les représentans par la souplesse de ses ministres : ce pouvoir est destructeur de l'égalité des droits lorsqu'il peut donner toutes les places importantes.

On sait que le droit de pétition, ce droit sacré, loin de perfectionner chaque jour les

formes qui peuvent le rendre bienfaisant, devient absolument illusoire dès que la faculté de
distribuer les faveurs et les places est réservée
à l'agent qui exécute.

Une responsabilité indéfinie doit peser sur
la tête des ministres, même de ceux d'un gouvernement dont l'agent exécutif serait tombé
dans l'abandon, l'absence ou le désordre.
Nous nous trouvons dans une de ces catégo-
ries. Il ne suffit pas que la constitution porte
textuellement cette responsabilité ; il faut que
les moyens d'exécution ne puissent en arrêter
les effets.

On n'ignore plus que la liberté de la presse
est au siècle présent le garant des droits du
corps social, et que l'abus que l'on peut en
faire non seulement ne balancera jamais le
bien qu'elle produit, mais qu'il amènera toujours la nullité de son auteur.

Le sort de la France dépend-il de Napoléon,
comme l'ont dit les flatteurs, ou le sort de
Napoléon dépend-il de la nation française,
comme le disent les hommes qui ne sont pas
flatteurs ? La solution de cette double question
émane des principes qui régissent le corps
social, et c'est au peuple français à prononcer.

Le sort de la France dépend de l'attitude
réfléchie, vigoureuse, sage, plus énergique
que véhémente des membres des colléges
électoraux ou assemblées primaires.

La paix, la guerre, l'extinction de tout esprit de parti dépendent du bon esprit et de
la conduite des représentans qui seront élus
par les électeurs : combien est donc grande,
majestueuse et honorable la tâche qu'ils auront à remplir! Ils auront à éviter deux écueils;
l'esprit de parti en faveur des Bourbons, et
l'influence des baïonettes de Napoléon.

S'ils ne représentent pas dignement la nation la paix ne sera qu'un simulacre, ou plutôt nous n'aurons pas même de paix apparente.

Si l'amour de la patrie, la sagesse et un esprit de conciliation président au sein de cette
assemblée nous aurons la paix, nous serons
respectés par nos voisins, nous n'inquiéterons
pas les autres puissances, nous aurons une
force armée ni trop forte ni trop faible, et du
sein de l'assemblée du printems sacré naîtra
une constitution à la hauteur des lumières du
siècle, de la raison, des mœurs, de la philo-
sophie, et basée sur la liberté et l'égalité des
droits entre les citoyens.

Il y a parcimonie d'objection à dire que si cette
assemblée prolongeait ses séances elle occasion-
nerait des dépenses à l'Etat. Il y a eu maladresse
ou mauvaise intention à dire qu'attendu que les
électeurs sont des hommes d'une classe aisée
ils pourront faire le voyage à leurs frais ; c'est
priver la nation du droit le plus sacré, celui de

se voir représentée par la classe vraiment populaire.

Misérable objection ! Comment, pour assu-
rer le repos du siècle, et même des siècles à
venir, pour sauver la patrie du joug étranger
qui la menace, l'on appréhenderait quelques
dépenses, et l'on a presque toujours laissé di-
lapider les finances de l'Etat !

Craignez, peuple français, une guerre dé-
sastreuse, dont les symptômes frappans ne
disparaîtront qu'aussitôt que vous aurez à lui
opposer une résistance nationale ! Craignez
que ces apparentes économies ne soient qu'un
artifice, et que l'on appréhende bien plus le
flambeau national que la pomme de discorde
semée parmi les membres d'une assemblée nationale.

Sans doute l'intrigue essaiera de substituer
l'intérêt privé à l'intérêt de la nation ; et qui-
conque connaît le cœur humain, les institutions et l'esprit qui fait mouvoir une assemblée, prévoit d'avance cet inconvénient ;
mais, loin d'en conclure qu'il faut s'abstenir
de parler et d'être représenté constitutionnel-
lement, la raison conclut qu'en disant la
vérité les Français en adopteront les maximes
sans se méprendre.

La franchise anéantira l'intrigue, l'expérience paralysera l'erreur, et suppléera aux
lumières si vous luttez victorieusement contre

le despotisme intérieur, et si vous repoussez la glèbe que vous apporte l'armée des coalisés.

Tous les despotismes se ressemblent; ils doivent tous être odieux à la nation française.

Craignez, Français, la verge étrangère! Qu'avez-vous aujourd'hui à lui opposer?..... L'indécision, l'égoïsme, l'esprit de parti, une faction, et non une volonté nationale. Grand Dieu, que ces moyens sont insignifians!

Divine Providence, ouvre les yeux aux Français! Et toi, Napoléon Bonaparte, dépose franchement entre les mains de la nation tout ce que tu as obtenu d'elle; la patrie est sauvée! ta cause devient la cause nationale; alors malheur au soldat allié qui osera mettre le pied sur le sol sacré de la liberté! Paisibles habitans, soyez sans crainte; les mêmes causes ne produisent les mêmes effets que lorsqu'elles s'exercent sur les mêmes élémens, environnés des mêmes circonstances.

Les écarts de la révolution étant le fruit de l'intrigue plutôt que l'effet de la dépravation du peuple, les souvenirs de ses écarts ne peuvent maintenant semer l'épouvante : les temps sont loin d'être les mêmes! donnez du pain au peuple, et soyez de bonne foi; vous n'aurez rien à craindre. Si l'on contestait ces vérités la comparaison des résultats de nos

changemens politiques, effectués sans secousses périlleuses, sont là pour les soutenir.

Calmer les esprits, c'est être bon citoyen ;
prêcher le courage et la tolérance, c'est être
philosophe.

Prêcher la morale et l'obéissance aux lois,
c'est le devoir d'un homme libre ; encourager
les hommes qui aiment la patrie, c'est bien
mériter de la patrie.

La révolution qui s'opère en ce moment
en France ne ressemble à celle de 89 qu'en
ce que les hommes libres, et qui osent parler,
veulent des lois, et non des inquisitions.

Il importe fort peu au bonheur de la France
que son premier représentant ait le nom de
président, de consul ou de toute autre déno-
mination ; mais ce qui est de la plus haute importance, c'est que les pouvoirs soient ba-
lancés de manière que le premier représentant, sur la tête duquel réside le pouvoir exécutif, ne puisse de sa propre volonté distribuer les emplois les plus importans, et faire
agir la force armée sans un concours légal et
constitutionnel.

La peur est le plus grand fléau de la liberté ;
c'est le talisman dont l'ambition se sert toujours : semer l'épouvante pour s'emparer du
pouvoir, c'est la devise des tyrans.

Ne craignez rien, et vous serez libres.

Les soldats français ne sont pas les sbires de

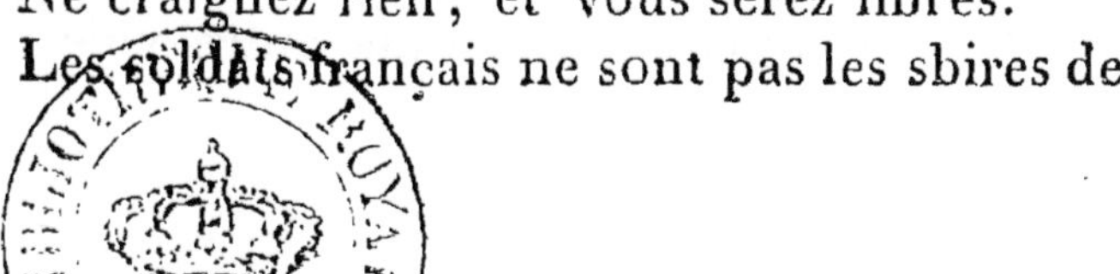

la tyrannie ; ils sont les défenseurs de la France : l'amour de la patrie est empreint dans l'âme de nos militaires ; ils ne porteront jamais le fer dans le sein de l'homme indépendant.

Les puissances étrangères fixent la contenance de la nation.

Si le peuple montrait de la pusillanimité, s'il consentait à recevoir des lois d'un seul homme, quelle que fût la couleur qu'emploieraient ses ministres pour vous persuader que ces lois sont l'expression de la volonté nationale, les puissances en concluraient que le caractère nationale est faible, et qu'elles peuvent vous subjuguer par la lassitude, la crainte, la division ou l'égoïsme, et qu'elles doivent s'emparer de la verge de Napoléon pour la diriger contre vous.

Une nation n'est pas avilie parce qu'une armée traverse son territoire, à moins que la guerre ne soit nationale ; et il n'y a de guerre nationale que quand elle est proclamée par le peuple, qui est souverain.

On s'avilit en allant audevant du despotisme.

La patrie est tout ; un seul homme n'est qu'un simple citoyen, subordonné aux lois de son pays.

Il nous faut la liberté : c'est de la nation qu'elle doit nous venir ; toute autre voie est suspecté.

Les assemblées primaires du *Printems Sacré* feront changer la politique des cours étrangères.

Si une nation est toujours libre et indépendante lorsqu'elle veut l'être , que ne doit-on pas attendre du patriotisme du peuple français !

Les Anglais nous surveillent ; ils profiteraient de nos dissensions pour donner le dernier coup de massue à notre marine et à notre commerce.

S'ils vous caressent dites : *timeo Danaos et dona ferentes*. Par la même raison méfiez-vous des Anglais lors même qu'ils vous applaudissent.

Citoyens, les Anglais seront trompés ; ils ne parviendront point à éterniser nos dissensions.

Toutes les couleurs sont des couleurs nationales quand c'est l'amour de la patrie qui en fait mouvoir l'étendard.

O amour des lois! viens enflammer nos cœurs, et retremper dans l'âme de tous les citoyens le bouclier de la liberté publique !

Un royaliste attaché à son roi est un honnête homme s'il le sert fidèlement, et dans l'intention d'être utile à son pays ; il n'est dans l'erreur qu'en ce qu'il sert la personne quand il ne devrait servir que la chose, qui est la patrie.

Sully était patriote, bon citoyen, philosophe et ami sincère.

Le républicain peut également se tromper,
et ne servir que la cause d'un ambitieux lorsqu'il croit se dévouer entièrement à sa patrie.
On peut lui reprocher son aveuglement, et ce-
pendant il est digne de toute l'estime nationale.

L'homme est le jouet de l'erreur : tous les
hommes se trompent; mais l'erreur n'est jamais un crime.

Pour distinguer le bien du mal il ne s'agit
pas de demander de quelle couleur était la
bannière sous laquelle un homme a servi; il
s'agit d'approfondir dans quelle vue il a em-
brassé tel ou tel parti.

En principe général celui qui prend les
armes contre sa patrie est un malhonnête
homme.

Un monument grand et majestueux devrait
être érigé sur un point central du territoire
français en l'honneur des gardes nationaux :
il porterait une inscription particulière pour
transmettre à la postérité la prudence et l'énergie de la garde nationale de Paris, qui, pendant les années 1814 et 1815, étrangère tant
aux factions féodales qu'aux prétentions de
Napoléon, n'a été l'instrument d'aucune pas-
sion, a maintenu l'ordre par une attitude civi-
que et honorable, la seule appropriée à son
institution.

Dans l'espace de onze mois deux factions différentes n'ont pu qu'affecter le sentiment patriotique des gardes nationales, contraintes de sacrifier au repos de l'Etat la préférence qu'elles auraient donnée par inclination à l'une des couleurs qui ont servi de signe de ralliement aux deux prétentions.

L'idée de féodalité est aujourd'hui en France un épouvantail redoutable au despote qui oserait en reproduire le symptôme.

Un roi n'est qu'un mandataire du peuple ; il est son premier ministre s'il se conduit bien ; il cesse de l'être dès qu'il met ses passions à la place de son devoir ; et c'est ce que nous voyons de nos jours.

La chose est tout, parce qu'elle comprend la généralité des citoyens ; l'homme magistrat est un objet secondaire ; et comme vous n'en trouverez aucun sans défaut vous devez le soumettre à la loi, et en surveiller les actions, afin que le but soit atteint.

Tout peuple qui abandonne la surveillance de ses ministres ou représentans tombe dans l'aristocratie ; l'aristocratie le conduit sous le despotisme ; le despotisme l'avilit jusqu'à ce qu'il opère une révolution : alors l'anarchie est un nouveau malheur public ; mais de cette anarchie peut résulter un bon gouvernement dont la tendance est vers la perfection des lois, si l'opinion publique n'abandonne pas la surveillance à laquelle l'assujettit le pacte social.

Etablissez donc la forme de votre gouvernement ; vous vous occuperez ensuite de l'homme qui mérite le plus votre confiance.

J'ai dit en premier lieu que les factions se sont succédées en France ; il s'agit maintenant de proposer un moyen pour détruire ce vice.

L'expérience nous prouve que les gouvernemens aristocratiques, ou, ce qui est synonyme, les Etats où les places sont exclusivement confiées aux riches, finissent par éprouver des révolutions, et ces révolutions ont pour cause la trop grande inégalité entre les citoyens.

Si donc on pouvait établir un gouvernement dont la tendance fût sans cesse un rapprochement vers l'égalité, soit de fortune, soit de considération, on aurait atteint le point le plus près de la perfectibilité.

Pour y arriver il faut se persuader que la perfectibilité est une chimère, mais qu'un bon gouvernement est une chose possible.

Il faut se persuader que l'égalité de fortune est une opinion délirante, mais que le meilleur gouvernement est celui où il n'y a pas de misérables.

Il faudrait ne donner les places, 1°. qu'aux hommes vertueux et sans fortune ;

2°. Que les appointemens des places importantes fussent très-modérés ;

3°. Que la surveillance de la conduite des hommes en place, qui tous seraient médiocrement fortunés, fût confiée aux plus forts imposés ; mais que ceux-ci n'eussent jamais la faculté d'occuper les emplois, à moins qu'ils voulussent les exercer gratuitement ; et dans ce cas la surveillance de leurs opérations serait assujettie au grand nombre de citoyens les moins fortunés.

Si l'on perd de vue que tout bon gouvernement d'une nation civilisée est dans l'image d'une famille bien unie, on perd de vue tout principe de vérité, et l'on tombe sans cesse dans un cercle vicieux.

Il faut aussi bien distinguer que le pouvoir d'un père sur ses enfans lui est déféré par *la nature,* tandis que le pouvoir des gouvernans d'un peuple ne peut venir que de la déférence de ce peuple.

Dans le premier cas le père de la famille est le distributeur naturel des prérogatives et des récompenses méritées par ses enfans ; et dans le second cas le peuple est le seul légitime dispensateur des emplois ; il est le seul juge compétent et propre à distinguer l'homme qui mérite sa confiance.

Vainement on objectera que le peuple n'a pas assez de discernement pour reconnaître et distinguer le bon du mauvais administrateur ; cela est faux, très-faux.

Je défie que le peuple se trompe si la cabale, l'intrigue et la mauvaise foi abandonnent les nominations au libre exercice de ses assemblées ; et si par hasard il se méprend il s'apercevra infailliblement et bientôt du mauvais choix qu'il aura fait.

Donnons des exemples :

Les hommes de mauvaise foi ne cessent de répéter : Comment voulez-vous qu'une assemblée populaire parvienne à connaître que tel ou tel est l'administrateur qui convient à telle ou telle partie d'une administration dont il n'a nulle connaissance ?

Je réponds : Hommes de mauvaise foi qui obscurcissez les choses les plus simples, quand on vous dit que les nominations faites par le peuple ou par ses représentans seraient les meilleures, on exige que l'expérience ait dans le mode d'élection et dans son principe facilité le discernement, dont on ne manque jamais lorsque nul intérêt particulier ne vient détruire la pente naturelle qu'on a de préférer le mérite et l'instruction au protégé par l'intrigue.

Abandonnons pour un moment les nominations ministérielles, où sont les moteurs du bien et du mal de l'Etat, à des assemblées populaires, et conjecturons si pendant la pé-

ríode de douze ans ces assemblées populaires
eussent pu se tromper au point de nommer
tant d'hommes ineptes, harpies, de mauvaise foi et destructeurs de la morale et de
l'égalité.

Le peuple, oui le peuple lui-même, quand
il ne se serait pas servi de ses représentans
choisis, et conséquemment mieux instruits,
ce peuple, dis-je, manifestant ses vues dans les
assemblées primaires à l'abri du tumulte, au-
rait-il pu faire un plus mauvais choix de ministres, de la marine par exemple ?...

Qu'a-t-on fait pour cette partie si intéres-
sante, pour cette partie si essentiellement liée à
la prospérité du commerce et de l'industrie,
et par conséquent de l'agriculture et du bien
public? Rien, absolument rien.

A quoi donc ont servi les trésors immenses
de la nation depuis plus de douze ans, et la
perte de tant de généreux défenseurs de la
patrie ?...

DE L'IMPRIMERIE DE BRASSEUR AÎNÉ.

www.ingramcontent.com/pod-product-compliance
Ingram Content Group UK Ltd.
Pitfield, Milton Keynes, MK11 3LW, UK
UKHW021205140726
13695UKWH00005B/2353